UNE MERVEILLE DE L'ART

EXTRAIT

DU

LIVRE TAILLEUR

ENSEIGNANT

LA COUPE DES VÊTEMENTS

EN QUINZE MINUTES AVEC DÉMONSTRATIONS & EN UNE HEURE SANS MAITRE

PAR

Jules DESPAX (de Samatan)

COUPEUR DE PARIS

OUVRAGE ENRICHI DE 16 PLANCHES

INTERCALÉES DANS LE TEXTE

Orné du Portrait de l'Auteur

PARIS

CHEZ LES PRINCIPAUX LIBRAIRES

—

1873

UNE MERVEILLE DE L'ART

EXTRAIT

DU

LIVRE TAILLEUR

ENSEIGNANT

LA COUPE DES VÊTEMENTS

DE TOUTES TAILLES ET DE TOUTES FORMES

C'est en vain que les Tailleurs de tous les pays ont imaginé différentes combinaisons pour pouvoir couper les vêtements avec certitude, certains y sont parvenus, mais après eux qu'ont-ils laissé? rien, rien! si ce n'est un champ complétement aride quoique longtemps défriché par eux et pour eux seulement; ce qui fait que le fils appelé à succéder le père, le neveu appelé à succéder l'oncle, sont encore obligés de recommencer ce travail sans fin, qui laisse opérer le jeune Tailleur pendant des années dans la crainte et l'incertitude ; je croyais avoir fini ma tâche après avoir consigné dans un livre 900 modèles tous éprouvés et rectifiés, y compris tout ce qui a été inventé par MM. les Tailleurs depuis ving-cinq ans, mais il paraît que cela ne suffit pas. Car le Tailleur, plus fier que le banquier, déteste le barême, pour continuer à se servir de ses méthodes complétement fausses et dépourvues de toutes sortes de bons sens. C'est sur des demandes plusieurs fois réitérées, que je me suis décidé à publier une méthode appelée le moulage sur nature. Quatre mesures supplémentaires suffisent pour que le coupeur soit sûr d'opérer avec certitude, et le souvenir de coupe est un seul plan modifiable selon la différence des quatre mesures prises sur le client. Ceci démontrera une fois de plus qu'il n'était pas nécessaire d'écrire des discours sans fin qui, la plupart du temps, ne sont lus par personne. Abandonnez à jamais les méthodes géométriques pour vous servir du mesurage, seul moyen (APRÈS LE LIVRE-TAILLEUR) d'opérer avec certitude.

Il n'est peut-être pas d'apprentissage plus long que celui du Tailleur d'habits.

On a écrit des traités sur la matière, mais, outre qu'ils sont d'un prix presque inabordable pour la plupart des ouvriers Tailleurs, ils enseignent des méthodes si vagues et si incomplètes qu'ils n'ont pu, jusqu'à ce jour, abréger d'une heure le temps si long de l'apprentissage.

Un praticien s'est imposé dix années d'études et d'observations, et il en a consigné le résultat dans ce livre, qui va devenir le manuel indispensable de quiconque voudra habiller son semblable.

Cet ouvrage complet comprend plus de 900 modèles adaptés à toutes les tailles. Ces modèles sont tous essayés et rectifiés, et comprennent toutes les formes inventées par MM. les Tailleurs depuis trente années. Une heure d'étude suffit pour s'en servir avec succès.

Ce travail offre, pour avantage, le moyen d'avoir dans cent ans les formes qui se portent aujourd'hui sans avoir besoin de les étudier.

INSTRUCTION UNIQUE POUR TRACER LES MODELES

Pour obtenir le tracé d'un modèle quel qu'il soit, on opère comme il suit :

1° On tire une ligne verticale et une horizontale formant l'équerre ;

2° On place le centimètre n° 1 à l'angle des deux lignes en suivant l'horizontale et en marquant par un point, au moyen d'un morceau de craie, toutes les distances indiquées sur ce livre qui sont en face le mot horizontale ;

3° Il faut tirer des lignes verticales sur tous ces points et d'équerre ;

4° Il faut établir sur ces lignes tous les points qui sont en face le mot verticale, en faisant un tracé d'un point à l'autre, le modèle est fait.

Pour se servir du livre, il suffit de prendre, avec un centimètre, la grosseur de poitrine de la personne que l'on veut habiller, chercher dans ce livre le modèle qui est en rapport avec cette mesure. Pour reproduire tous les modèles, il suffit d'avoir une équerre, un centimètre et de la craie.

JAQUETTE A TAILLE, grosseur de poitrine, 48, ceinture, 44.

	1re ligne.	2e	3e	4e	5e	6e	7e	8e	9e	10e
	Dos									
Horizontale.	0	1	13	17	28	39	48			
Verticale....	8	0	21	20	11	6	5			
	Devant									
Horizontale..	0	4	7	17	25	43	51			
Verticale....	24	22	6.11.41	2.31.43	35.48	1.34.36.39	3.39			
	Manche									
Horizontale..	0	4	12	37	64	67				
Verticale....	10	18	21	24	12.26	13				
	Jupe									
Horizontale.	0	3	10	33	39					
Verticale....	20	1.46	5.46	9.45	44					

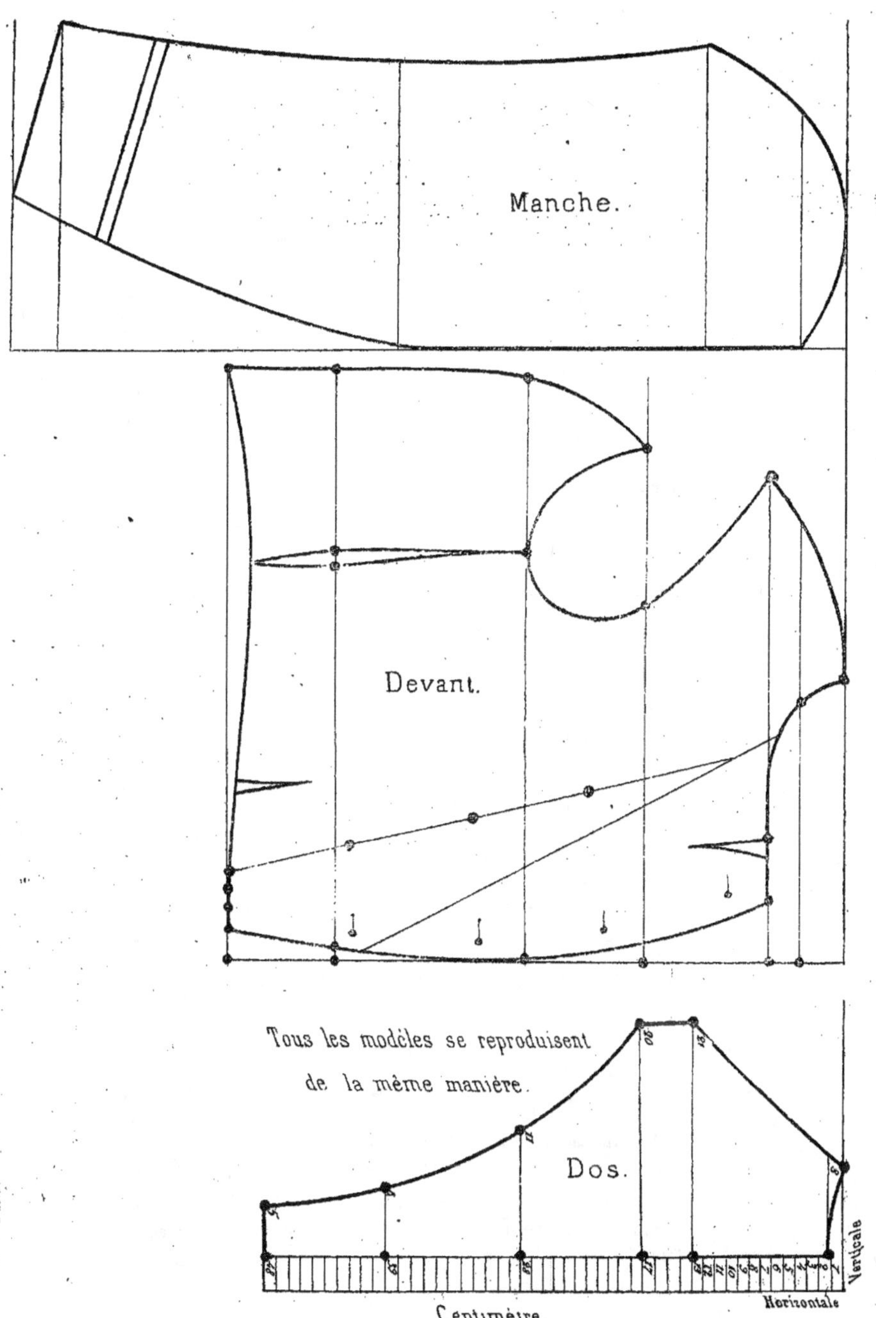

Manche.
Devant.
Tous les modèles se reproduisent
de la même manière.
Dos.
Verticale
Horizontale
Centimètre.

MANIÈRE DE PRENDRE MESURE DES GRANDES PIÈCES

LES GROSSEURS SONT PRISES PAR MOITIÉ PARTOUT.

Première mesure. Longueur de taille. 49
2º   id.   Longueur totale. 101
3ª   id.   Largeur de carrure. 20
4ᵉ   id.   Longueur du coude. 53
5º   id.   Longueur totale de la manche. 85
6º   id.   Grosseur de poitrine. 49
7º   id.   Grosseur de ceinture. 46

On peut prendre une infinité d'autres mesures pour faire plaisir au client, car il croirait que le vêtement ne pourrait pas lui aller.

Nota. — Les mesures de grosseur de poitrine doivent être prises justes, sans serrer le centimètre et directement sous les bras.

MANIÈRE DE PRENDRE MESURE DES PARDESSUS

Première mesure. Longueur totale. 100
2ᵉ   id.   Largeur de carrure. 20
3ª   id.   Longueur du coude sans déranger le centimètre. 53
4º   id.   Longueur totale de la manche. 85
5º   id.   Grosseur de poitrine. 47
6ᵉ   id.   Grosseur de ceinture. 42

Pour tous les vêtements de fantaisie, la mesure se prend de la même manière.

MANIÈRE DE PRENDRE MESURE DES GILETS

Première mesure. Longueur totale de la nuque au-dessous de la ceinture du
                     pantalon. 67
2ᵉ   id.   Grosseur de poitrine prise juste sous les bras. 48
3ᶜ   id.   Grosseur de ceinture. 42
4º   id.   Hauteur du châle de la nuque à l'ouverture du gilet. . . 32
5ᵉ   id.   Hauteur des hanches de la nuque à la hanche pour les
                     bouts. 53

Celui qui saura prendre mesure saura couper. (Un coupeur a dit avec raison : mesurer deux fois et couper une.)

MANIÈRE DE PRENDRE MESURE DES PANTALONS

Première mesure. De la hanche à la semelle du soulier. 107
2°   id.   De la fourche à la semelle du soulier. 82
3°   id.   Grosseur de ceinture. 40
4°   id.   Grosseur de bassin. 49
5°   id.   Grosseur de cuisse. 33
6°   id.   Grosseur du genou. 24
7°   id.   Largeur du bas. 22

Il n'y a qu'une manière de couper le pantalon ; il s'agit de savoir la bonne. Celui qui ne voudra pas faire des recherches qui lui demanderaient trop de temps n'a qu'à se reporter à mes pantalons en appliquant les mesures de longueur : il est sûr du succès.

DES DIFFERENTES ÉPAISSEURS D'ÉTOFFE

Lorsque vous aurez à couper une étoffe d'été mince, et que le client portera 46 centimètres de grosseur de poitrine, vous prendrez un modèle de 44 de grosseur de poitrine. Si le client porte 46 de grosseur de poitrine, vous prendrez un modèle de 48, si c'est une étoffe d'hiver. Si le client porte 48 de grosseur de poitrine, vous prendrez un modèle de 52, si c'est une étoffe très-épaisse, ou si le vêtement est ouaté, sans cela vous ferez toujours les vêtements trop larges ou trop étroits.

Les gilets ne sont pas soumis à la même règle. Cependant, si, quand vous prendrez mesure, le client avait un gros gilet, il faudrait serrer le centimètre ou prendre mesure sous son gilet, sans cela votre gilet serait trop large. Cela m'est arrivé souvent...

DES SUÇONS

Je recommande tout particulièrement de ne jamais faire de suçons exagérés ni aux redingotes, ni aux paletots ajustés, à moins que le client ait la poitrine très-ressortie, surtout si on n'est pas sûr à l'avance que l'ouvrier travaillera le doublage en conséquence, je veux dire des suçons.

Quand un client vous commandera une redingote, avant de lui prendre mesure, vous lui ferez essayer un vêtement à sa taille. Pendant que vous lui prendrez mesure, vous marquerez sur lui la retouche que vous y trouverez. Vous vous servirez de ce modèle pour lui couper son habit, ayant soin d'y supprimer ou ajouter ce que vous croyez nécessaire; ce moyen est infaillible.

Procédez de la même manière pour les gilets, cela réussit toujours.

REMARQUES

Première remarque. — Pour tous les hommes qui ont le dos rond, il faut laisser 1 centimètre de rond dans la couture du dos. On peut en laisser jusqu'à 3, selon la difformité plus ou moins prononcée du client (voir au dessin du gilet).

Deuxième remarque. — Je prie les personnes qui se serviront de mon livre de ne jamais rien changer aux modèles, et lorsqu'elles feront des pièces sans essayer, elles voudront bien mettre le modèle dessus avant de les monter.

Troisième remarque. — Il faut toujours monter le dos juste à l'encolure et au haut du côté. Cette mesure est applicable à tous mes vêtements.

Quatrième remarque. — Il viendra un temps où MM. les Tailleurs feront les vêtements étroits, mais les emmanchures resteront toujours à la même place, les encolures seront plus hautes ou plus basses, les tailles plus courtes ou plus longues. Voilà les changements qui pourront s'opérer... Quant aux points principaux, il faudra qu'ils soient toujours à la même place.

OBSERVATIONS SUR LES PANTALONS A GUÊTRE

Le pantalon à guêtre est exactement coupé comme un autre : il suffit de creuser les devants et les derrières à partir d'environ 30 centimètres au-dessus du bas en mourant presque jusqu'aux genoux, conservant, bien entendu, la largeur du pantalon à sa mesure. Alors on tend les devants de chaque côté avant de les monter sur les derrières, et, quand les coutures sont faites, il faut le rentrer au fer : par ces moyens, le pantalon formera la guêtre.

REDINGOTES

REDINGOTE DROITE A TAILLE avec une rangée de boutons. Grosseur de poitrine 44, ceinture 38.

	1re ligne.	2e	3e	4e	5e	6e	7e	8e	9e	10e
	Dos									
Horizontale .	0	1	13	16	24	36	48			
Verticale ...	6	0	18	18	11	6	5			
	Devant									
Horizontale..	0	3	8	13	18	24	42	48	50	52
Verticale....	20	18	2.8.37	1.7.9	1.26.37	31.42	28.30.42	29.41	33	41
	Manche									
Horizontale..	0	4	12	37	64	67				
Verticale....	10	18	13	22	10.25	12				

REDINGOTE DROITE A TAILLE avec une rangée de boutons. Grosseur de poitrine 47, ceinture 40.

	1re ligne.	2e	3e	4e	5e	6e	7e	8e	9e	10e
	Dos									
Horizontale .	0	1	13	17	25	48				
Verticale ...	6	0	20	20	12	5				
	Devant									
Horizontale .	0	4	9	15	19	25	44	48	50	52
Verticale ...	21	19 1/2.34	1.8.39	7.29	26.38	32.43	30.32.43	31	37.43	43
	Manche									
Horizontale .	0	4	12	37	64	67				
Verticale....	10	18	24	23	11.26	12				

REDINGOTE A TAILLE avec une rangée de boutons. Grosseur de poitrine 50, ceinture 46.

	1re ligne.	2e	3e	4e	5e	6e	7e	8e	9e	10e
	Dos									
Horizontale .	0	1	15	18	26	52				
Verticale ...	7	0	20 1/2	20 1/2	12	6				
	Devant									
Horizontale .	0	4	8	19	27	35	45	52	54	57
Verticale ...	24	23	2.10.42	1.29.42	35.48	35.49	34.36.48	35	41	47
	Manche									
Horizontale .	0	4	12	34	65	69				
Verticale ...	10	19	25	23	10.26	11				

REDINGOTE A TAILLE avec une rangée de boutons. Grosseur de poitrine 55, ceinture 53.

	1re ligne.	2e	3e	4e	5e	6e	7e	8e	9e	10e
	Dos									
Horizontale .	0	1	15	18	27	56				
Verticale ...	7	0	21	21	13	6				
	Devant									
Horizontale .	0	4	7	9	17	22	27	45	53	57
Verticale ...	24	22	19.43	1.8.10	32.44	31.43	38.52	38.40.54	39	54

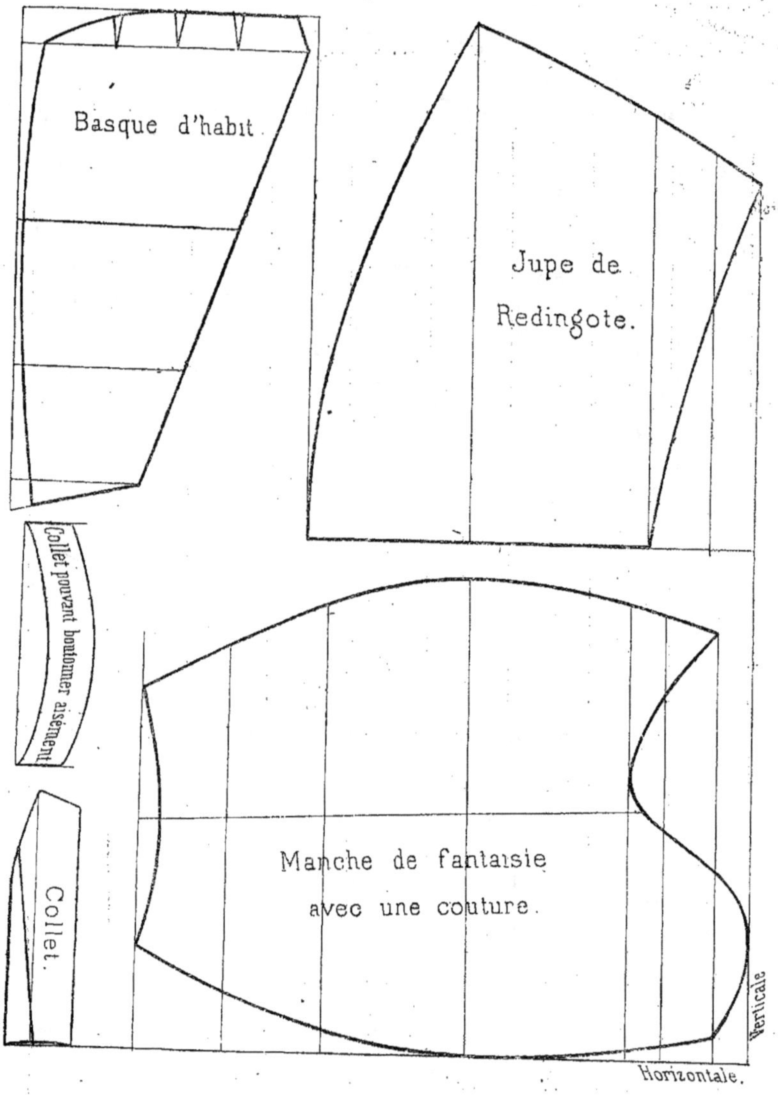

Basque d'habit.
Jupe de Redingote.
Collet pouvant boutonner aisément
Collet.
Manche de fantaisie avec une couture.
Verticale.
Horizontale.

REDINGOTE A TAILLE avec une rangée de boutons. Grosseur de poitrine 60, ceinture 60.

	1re ligne.	2e	3e	4e	5e	6e	7e	8e	9e	10e
Dos										
Horizontale.	0	1	14	17	26	53				
Verticale ...	7	0	22	22	12	6				
Devant										
Horizontale.	0	6	10	19	24	29	49	55	57	59
Verticale ...	25	21.45	1.9.11	34.49	33.47	41.58	42.44.61	44	35.62	00
Manche										
Horizontale.	0	4	12	34	67	69				
Verticale....	10	19	25	24	10.26	12				

REDINGOTE DROITE POUR ENFANT désignée sous le nom de basquettes. Grosseur de poitrine 34, ceinture 34.

	1re ligne.	2e	3e	4e	5e	6e	7e	8e	9e	10e
Dos										
Horizontale .	0	1	9	11	18	36				
Verticale ...	6	0	14 1[2	14 1/2	8	4				
Devant										
Horizontale .	0	3	5	8	'14	20	34	39	41	43
Verticale ...	15	14 1 2	12.28	1.4.6	20.30	25.34	24.25.34	25	1	34

REDINGOTE DROITE POUR ENFANT. Grosseur de poitrine 38, ceinture 36.

	1re ligne.	2e	3e	4e	5e	6e	7e	8e	9e	10e
Dos										
Horizontale .	0	1	11	13	22	41				
Verticale....	6	0	16	16	9					
Devant										
Horizontale .	0	4	6	8	14	21	37	42	44	46 .
Verticale....	17	15	12.30	2.5.6 1/2	1.22.32	26.36	25.27.37	25	1	35
Manche d'enfant pour les deux tailles										
Horizontale .	0	3	10	29	54	57				
Verticale....	8	16	20	18	9.23	10				

JUPE DE REDINGOTE POUVANT SERVIR POUR TOUTES TAILLES,
sauf à l'agrandir ou diminuer.

	1re ligne.	2e	3e	4e
Horizontale .	0	16	41	66
Verticale....	48	60	76	00

TUNIQUES

TUNIQUE D'HOMME. Grosseur de poitrine 46, ceinture 40.

	1re	2e	3e	4e	5e	6e	7e.	8e	9e	10e
Dos										
Horizontale.	0	1	13	16	24	32	46			
Verticale...	7	0	20 1/2	19 1/2	13	7 1/2	4			
Devant										
Horizontale.	0	4	6	7 1/2	19	24	41	48	51	53
Verticale....	16	15.30	12.34	5	1.23.35	28.39	28.30.40	29	0	1.38

JUPE DE TUNIQUE POUR POMPIER OU GARDE NATIONAL (petite ampleur)

	1re	2e	3e	4e	5e	6e	7e.	8e	9e	10e
Horizontale.	0	16	39	53						
Verticale....	48	78	57	00						

NOTA. — Elle peut servir pour toutes les tailles, sauf à l'agrandir ou à la diminuer.

TUNIQUE D'HOMME. Grosseur de poitrine 48, ceinture 40.

	1re	2e	3e	4e	5e	6e	7e.	8e	9e	10e
Dos										
Horizontale.	0	1	13	15	22	34	47			
Verticale...	7	0	21	20	14	7	4			
Devant										
Horizontale.	0	3	6	8	20	25	34	49	52	54
Verticale...	15	15	13.34	4	1.23.36	29.39	28.42	2.27	3	40
Manche										
Horizontale.	0	3	11	33	56	61				
Verticale....	10	17	23	21	9.24	11				

TUNIQUE D'ENFANT. Grosseur de poitrine 38, ceinture 34.

	1re	2e	3e	4e	5e	6e	7e.	8e	9e	10e
Dos										
Horizontale.	0	1	11	13	22	36	41			
Verticale....	6	0	17	17	9	4	4			
Devant										
Horizontale.	0	2	5	7	15	18	21	37	42	46
Verticale....	14	13	10.29	2	1.19.29	19	25.34.	1.25 27.36	26.36	2.30

JUPE DE TUNIQUE D'ENFANT.

	1re	2e	3e	4e	5e	6e	7e.	8e	9e	10e
Horizontale.	0	5	11	16	23	44	58			
Verticale....	23.61	23.61	22.61	18.60	57	43	00			

TUNIQUE D'ENFANT. Grosseur de poitrine 34, ceinture 32.

	1re	2e	3e	4e	5e	6e	7e.	8e	9e	10e
Dos										
Horizontale.	0	1	9	11	16	24	36			
Verticale....	5	0	15	14	10	5	3			
Devant										
Horizontale.	0	2	4	6	14	18	24	33	39	41
Verticale....	12	12	11.25	4	1.18.27	1.22.30	31	21.22.31	21	31
Manche										
Horizontale.	0	2	8	23	42	45				
Verticale....	7	11	17	15	6.17	7				

NOTA. — Cette manche peut servir pour les deux tailles.

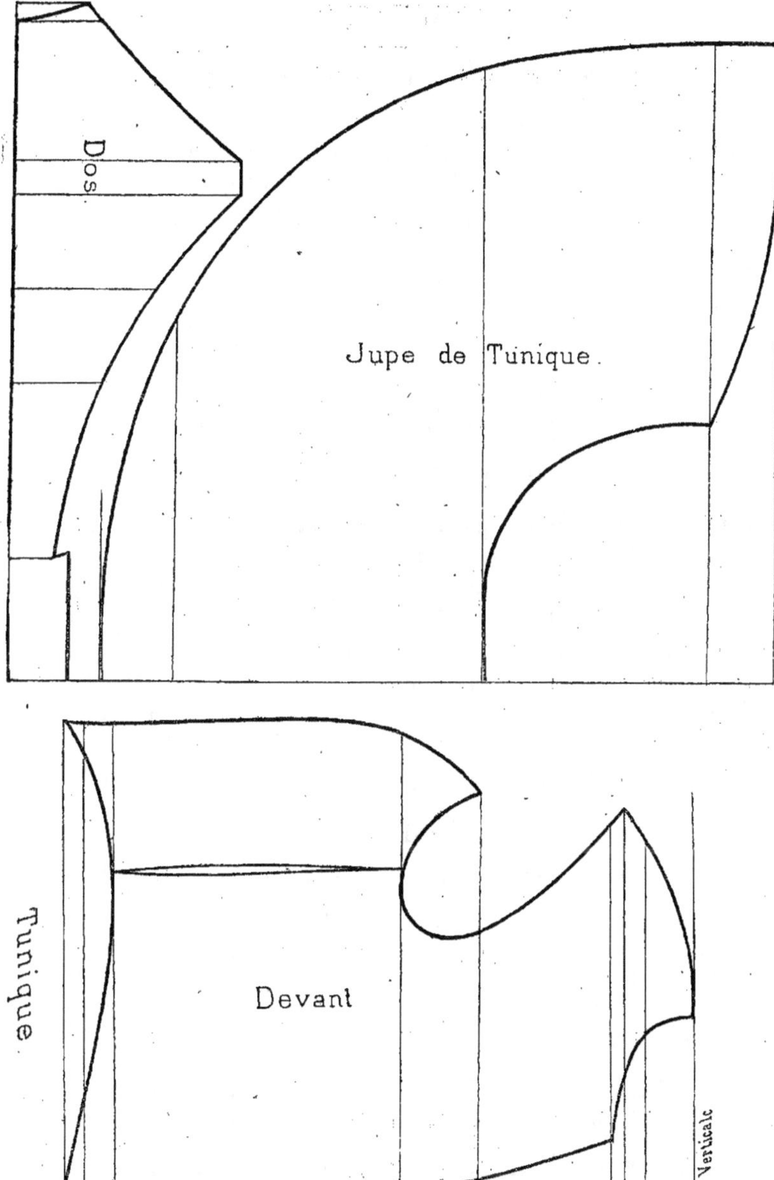

Dos
Jupe de Tunique.
Tunique
Devant
Verticale
Horizontale

SOUTANES

SOUTANE. Grosseur de poitrine 48, ceinture 45. Il faut creuser le bas du devant de 0,01 c.

	1re ligne.	2e	3e	4e	5e	6e	7e	8e	9e	10e
Dos										
Horizontale .	0	1	12	15	26	47	136	160	180	210
Verticale.. .	7	0	2.21	2.21	3.17	6.16.18	72	41	26	00
Devant										
Horizontale .	0	4	10	17	24	39	49			
Verticale....	12	11.31	3.25	1.22.35	29.40	29.42	30.41			
Manche										
Horizontale .	0	2	9	33	59	64				
Verticale....	9	16	22	22	10.24	13				
Jupe										
Horizontale .	0	6	10	14	50	78	99	116		
Verticale....	35	28	21	47	72	100	70	00		

DOUILLETTES

DOUILLETTE, vêtement ecclésiastique (pardessus ouaté). Grosseur de poitrine de 46 à 48.

	1re	2e	3e	4e	5e	6e	7e	8e	9e	10e
Dos										
Horizontale .	0	1 1/2	12	18	24	45	87	130	134	
Verticale. ..	7	0	20	20	23	21	27	30	00	
Devant										
Horizontale .	0	6	9	11	23	25	46	86	126	133
Verticale....	20	18.37	3.14	11.32	27.37	31	40	48	60	00
Manche										
Horizontale .	0	3	11	32	52	57				
Verticale....	9	16	22	21	8.25	10				

NOTA. — L'étoffe est un mérinos double chaîne. Ce Vêtement est généralement ouaté.

PARDESSUS

PARDESSUS DE GRANDE LIVRÉE POUR COCHER. Grosseur de poitrine de 49 à 51.

	1re	2e	3e	4e	5e	6e	7e	8e
Dos								
Horizontale .	0	1	14	17	28	53		
Verticale....	7	0	21	21	12	8		
Devant								
Horizontale .	0	5	10	18	27	45	53	56
Verticale....	28	27.47	4,14.16.42	3.36.49	3.44.56	1.43.45.58	44	9.11.58
Manche								
Horizontale .	0	3	12	37	64	68		
Verticale....	11	17	27	26	10.29	12		
Jupe								
Horizontale .	0	13	42	74	90			
Verticale....	60	70	90	102	00			

NOTA. — Il faut abattre le bas du devant d'un centimètre au-dessus de la ligne 53 et creuser la Jupe d'autant, pour que les boutons de la taille soient placés sur les coutures.

VESTONS

VESTON DROIT A UNE RANGÉE DE BOUTONS. Grosseur de poitrine 46, ceinture 42.

	1re ligne.	2e	3e	4e	5e	6e	7e	8e	9e	10e
Dos										
Horizontale.	0	1	10	15	24	44	73			
Verticale....	7	0	20	19	22	21	20			
Devant										
Horizontale.	0	4	8	17	24	25	49	74	77	
Verticale...	20	17.29	3.34	1.26	26.34	29	1.37	3.41	6	

VESTON DROIT A UNE RANGÉE DE BOUTONS. Grosseur de poitrine 49, ceinture 44.

	1re ligne.	2e	3e	4e	5e	6e	7e	8e	9e	10e
Dos										
Horizontale.	0	1	11	17	24	40	74			
Verticale....	7	0	21	20	23	22	22			
Devant										
Horizontale.	0	4	8	18	24	25	43	75	77	
Verticale ...	22	20	4.8.38	2.28	1.27.37	31	37	39	00	

Manche pour les deux vestons qui précèdent.

	1re ligne.	2e	3e	4e	5e	6e	7e	8e	9e	10e
Horizontale.	0	3	10	33	62	66				
Verticale ...	9	17	24	23	7.25	8				

VESTON DROIT A UNE RANGÉE DE BOUTONS. Les coutures sont changées de place.
Grosseur de poitrine 53.

	1re ligne.	2e	3e	4e	5e	6e	7e	8e	9e	10e
Dos										
Horizontale.	0	1 1/2	12	22	43	80				
Verticale]...	7	0	22	22	21	22				
Devant										
Horizontale.	0	4	9	20	26	48	79			
Verticale....	23	21	3.8.40	1.29.41	41	43	44			

VESTON DESSINANT LEGEREMENT LA TAILLE. Grosseur de poitrine 42, ceinture 38.

	1re ligne.	2e	3e	4e	5e	6e	7e	8e	9e	10e
Dos										
Horizontale.	0	1	10	21	39	71	73			
Verticale...	6	0	18	21	20	21	00			
Devant										
Horizontale.	0	3	7	18	24	40	72			
Verticale....	20	18	3.34	4.46	3.33	1.32	34			
Manche										
Horizontale.	0	3	11	33	63	66				
Verticale...	9	17	23	22	8.25	10				

2

PELISSES D'ENFANTS FORME SAC ANGLAIS

PELISSE D'ENFANT FORME SAC ANGLAIS, une des plus petites tailles, Grosseur de poitrine 30, ceinture 30.

	1re ligne.	2e	3e	4e	5e	6e	7e	8e	9e	10e
Dos										
Horizontale .	0	1 1/2	8	18	55	57				
Verticale....	7 1/2	0	15	19	23	00				
Devant										
Horizontale .	0	3	6	15	18	55	57			
Verticale....	12 1/2	11	4.5.23	18	24	29	00			

PELISSE D'ENFANT, MÊME FORME. Grosseur de poitrine 34, ceinture 32.

	1re ligne.	2e	3e	4e	5e	6e	7e	8e	9e	10e
Dos										
Horizontale .	0	1	10	19	67	68				
Verticale....	6	0	17	21	27	00				
Devant										
Horizontale .	0	3	6	7	16	20	70	72		
Verticale....	15	14	29	5.7.27	21	27	34	00		
Manche										
Horizontale .	0	3	10	29	48	51				
Verticale....	8	14	18	16	7.20	9				

NOTA. Cette manche peut servir pour les deux tailles.

CLOCHES AMPLES DITES PELISSES

CLOCHE AMPLE DITE PELISSE POUR HOMME Grosseur de poitrine 46, ceinture 30.

	1re ligne.	2e	3e	4e	5e	6e	7e	8e	9e	10e
Dos										
Horizontale .	0	1 1/2	9	15	20	56	93	102		
Verticale....	7	0	22	23	39	41	52	00		
Devant										
Horizontale .	0	5	10	17	21	23	57	95	103	
Verticale....	15	14.34	4.6.28	7.25	26.34	30.35	46	58	00	
Manche										
Horizontale .	0	3	12	35	61	66				
Verticale....	8	18	24	23	11.28	13				

CLOCHE AMPLE DITE PELISSE POUR HOMME. Grosseur de poitrine 49, ceinture 48.

	1re ligne.	2e	3e	4e	5e	6e	7e	8e	9e	10e
Dos										
Horizontale .	0	2	10	15	19	21	53	93	100	
Verticale....	7	0	23	24	27	31	42	55	00	
Devant										
Horizontale .	0	4	7	10	17	24	25	61	96	103
Verticale....	17	16	12.35	5.7.32	27	29.36	32.36	47	57	00
Manche										
Horizontale .	0	4	13	37	62	67				
Verticale ...	12	20	25	24	9.28	12				

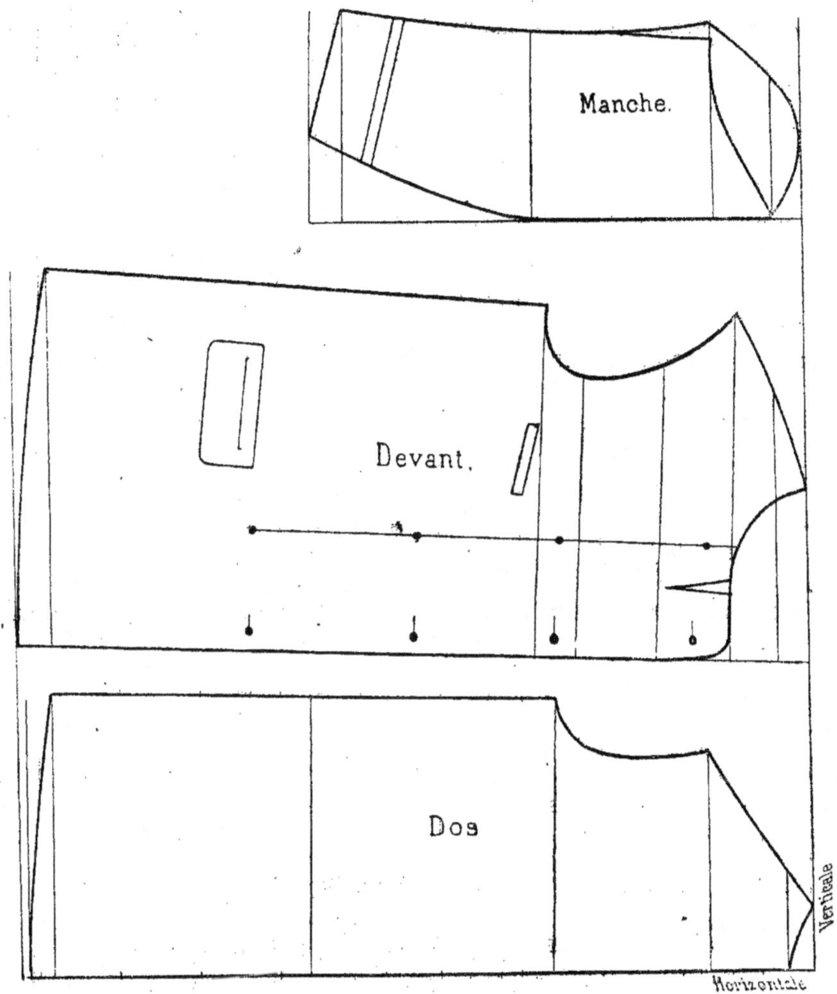

Pardessus d'Enfant forme sac indiquant le tracé du véston.
Manche.
Devant.
Dos
Verticale
Horizontale

PARDESSUS

PARDESSUS POUR JEUNES GENS. Grosseur de poitrine 45, ceinture 38. Mesure prise sur le gilet.

	1re ligne	2e	3e	4e	5e	6e	7e	8e	9e	10e
Dos										
Horizontale.	0	1	12	21	44	98				
Verticale....	7	0	20	19	18	19				
Devant										
Horizontale.	0	4	7	20	25	58	95	100		
Verticale....	20	18	3.37	27.39	32	45	51	00		
Manche										
Horizontale.	0	3	7	11	35	64	67			
Verticale....	1.14	21.19.48	24.40	2.30.48	49	23	8.42			

PARDESSUS POUR HOMME. Grosseur de poitrine 47, ceinture 44. La manche qui est plus haut sert pour les deux tailles; elle est à une couture.

	1re ligne	2e	3e	4e	5e	6e	7e	8e	9e	10e
Dos										
Horizontale.	0	1	12	18	22	48	96			
Verticale....	8	0	22	20	21	18	19			
Devant										
Horizontale.	0	4	8	20	25	56	94	100		
Verticale....	20	18	2.8.38	28.39	31	45	52	00		

PARDESSUS POUR HOMME. Grosseur de poitrine 50, ceinture 48. Mesure prise sur le gilet. La manche sert pour le 54.

	1re ligne	2e	3e	4e	5e	6e	7e	8e	9e	10e
Dos										
Horizontale.	0	1	11	17	23	48	98			
Verticale....	8	0	23	21	21	20	21			
Devant										
Horizontale.	0	5	8	21	26	58	95	100		
Verticale....	21	19	2.38	29.41	33	48	56	00		
Manche										
Horizontale.	0	4	12	34	65	69				
Verticale....	10	19	25	24	8.26	10				

PARDESSUS POUR HOMME. Grosseur de poitrine 54, ceinture 54.

	1re ligne	2e	3e	4e	5e	6e	7e	8e	9e	10e
Dos										
Horizontale.	0	1	12	18	24	48	100			
Verticale....	8	0	23	22	23	21	22			
Devant										
Horizontale.	0	5	8	23	28	58	97	104		
Verticale....	23	20	2.9.41	31.45	35	52	60	00		

JAQUETTES A TAILLE

JAQUETTE A TAILLE POUR ENFANT. Grosseur de poitrine 38, ceinture 35.

	1re	2e	3e	4e	5e	6e	7e	8e	9e	10e
Dos										
Horizontale .	0	1	10	14	23	43				
Verticale ...	5	0	17	17	9	6				
Devant										
Horizontale .	0	3	6	14	21	36	44	45		
Verticale....	17	16	3.6.31	1.23.33	27.37	26.27 38	26	38		
Jupe										
Horizontale .	0	16	31	33						
Verticale....	39.41	41.43	6.41.43	10						

JAQUETTE A TAILLE. Grosseur de poitrine 46, ceinture 40.

	1re	2e	3e	4e	5e	6e	7e	8e	9e	10e
Dos										
Horizontale .	0	1	13	17	26	47				
Verticale....	7	0	19	19	11	6				
Devant										
Horizontale .	0	4	8	18	26	42	52			
Verticale....	21	19	5.9.36	1.27.38	31.44	29.31.44	2.43			
Jupe										
Horizontale .	0	15	34	37						
Verticale....	41 43	2.42.44	4.43.45	43.45						

NOTA. — Creuser le bas du devant de 0,01 c.

JAQUETTE MÊME FORME QUE LES PRÉCÉDENTES. Grosseur de poitrine 49, ceinture 46.

	1re	2e	3e	4e	5e	6e	7e	8e	9e	10e
Dos										
Horizontale .	0	1	13	19	55					
Verticale....	7	0	20	20	7					
Devant										
Horizontale .	0	4	8	20	28	48	55	57		
Verticale....	24	21	5.9.11.41	2.29.41	34.45	1.31.33.47	2.33	47		
Jupe										
Horizontale .	0	15	34	37						
Verticale....	40.42	2.42.44	4.43.45	43.45						

JAQUETTE MÊME FORME QUE LES PRÉCÉDENTES. Grosseur de poitrine 53, ceinture 53.

	1re	2e	3e	4e	5e	6e	7e	8e	9e	10e
Dos										
Horizontale .	0	1	14	18	53					
Verticale ...	7	0	21	21	7					
Devant										
Horizontale .	9	4	8	19	28	48	54	56		
Verticale....	25	23	2.11.13.43	2.32.44	39.50	37.38.52	1.37	1.52		
Jupe										
Horizontale .	0	15	32							
Verticale....	50	2.52	6.54							

NOTA.—On prendra pour manches ordinaires celles qui ont rapport aux grosseurs de ceinture. (Voir aux Redingotes.)

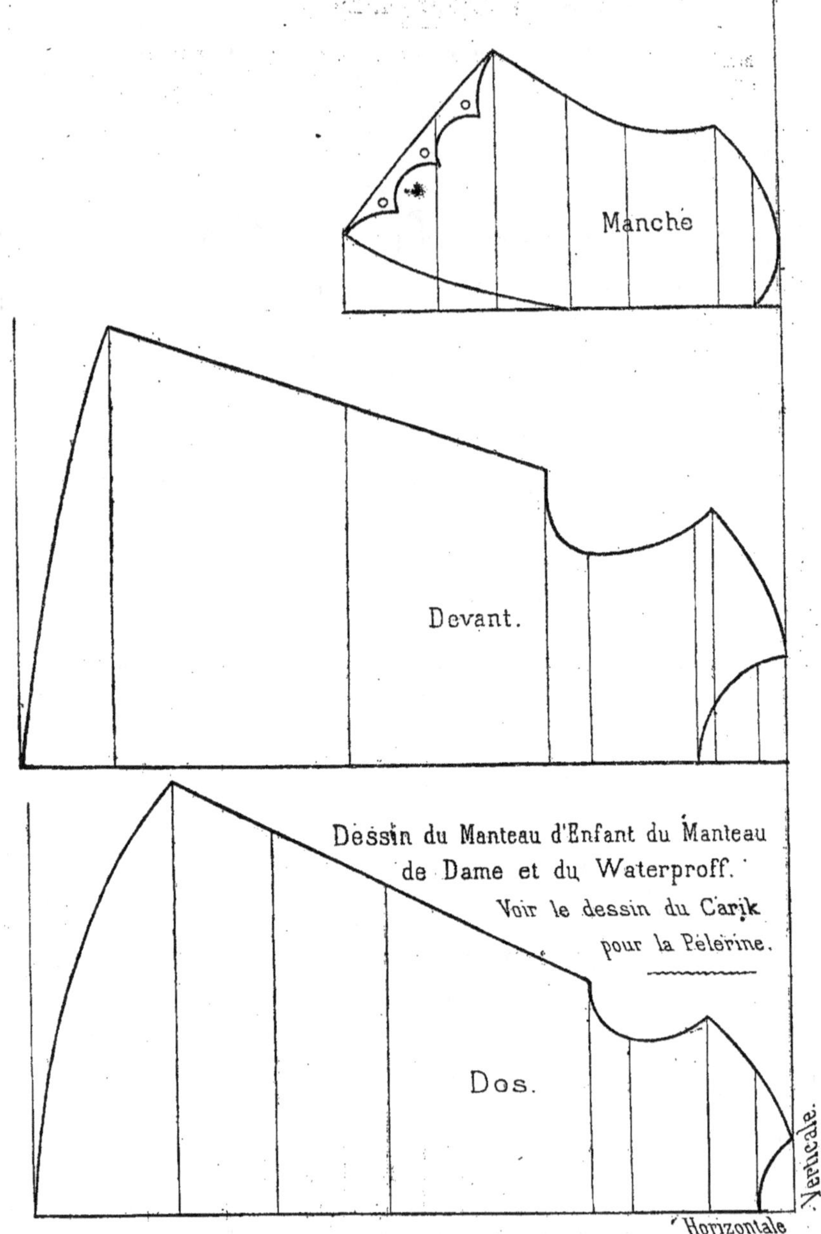

Manche
Devant.
Dos.
Dessin du Manteau d'Enfant du Manteau
de Dame et du Waterproff.
Voir le dessin du Carik
pour la Pélerine.
Horizontale
Verticale.

MAC-FARLANES

MAC-FARLANE. L'Encolure doit avoir 52 de longueur. Grosseur de poitrine 52.

	1re ligne	2e	3e	4e	5e	6e	7e	8e	9e	10e
Dos										
Horizontale .	0	9	17	26	39	58	82	109	120	
Verticale ...	9	18	25	31	38	45	54	64	00	
Devant										
Horizontale .	0	4	8	14	21	29	60	86	110	122
Verticale....	22	19.32	5.8.10.37	8.31	29.47	37.51	58	65	72	00
Pèlerine										
Horizontale .	0	4	8	12	14	20	36	63	78	87
Verticale ...	13	12.30	11.44	4.5	1	72	95	67	42	00

CHEMISES

CHEMISE POUR HOMME, deuxième taille. Grosseur de poitrine 48, ceinture 44, encolure 39. largeur du calicot de 0^m,80 à 0^m,82.

Dos								
Horizontale .	0	3	18	25	57	94		
Verticale....	18	34	35	41	41	41		
Devant								
Horizontale .	0	1 1/2	3	5 1/2	.16	24	45	84
Verticale....	17	16.32	15	8.32	33	8.41	8.41	41
Pièce								
Horizontale .	0	15	24	33	48			
Verticale....	4	9	5	9	4			
Manche								
Horizontale .	0	6	32	65				
Verticale....	10	30	23	17				

MANTEAU DE DAME

MANTEAU DE DAME A DEUX COUTURES. Grosseur de poitrine de 50 à 52. Mesure prise sous les bras et sur les seins.

Dos										
Horizontale .	0	2 1/2	7	15	22	46	95	120	130	139
Verticale....	7 1/2	16	24	22	29	40	60	74	47	00
Devant										
Horizontale .	0	7	10	19	23	49	81	114	124	131
Verticale....	10	8.27	24	23.33	27.35	46	63	81	50	00
Manche large										
Horizontale .	0	2	12	27	37	47	59			
Verticale....	12	5.20	2.28	29	35	2.26	7			
Manche ordinaire										
Horizontale .	0	3	7	17	33	49	58			
Verticale....	10	20	25	25	4.28	14.37	24			

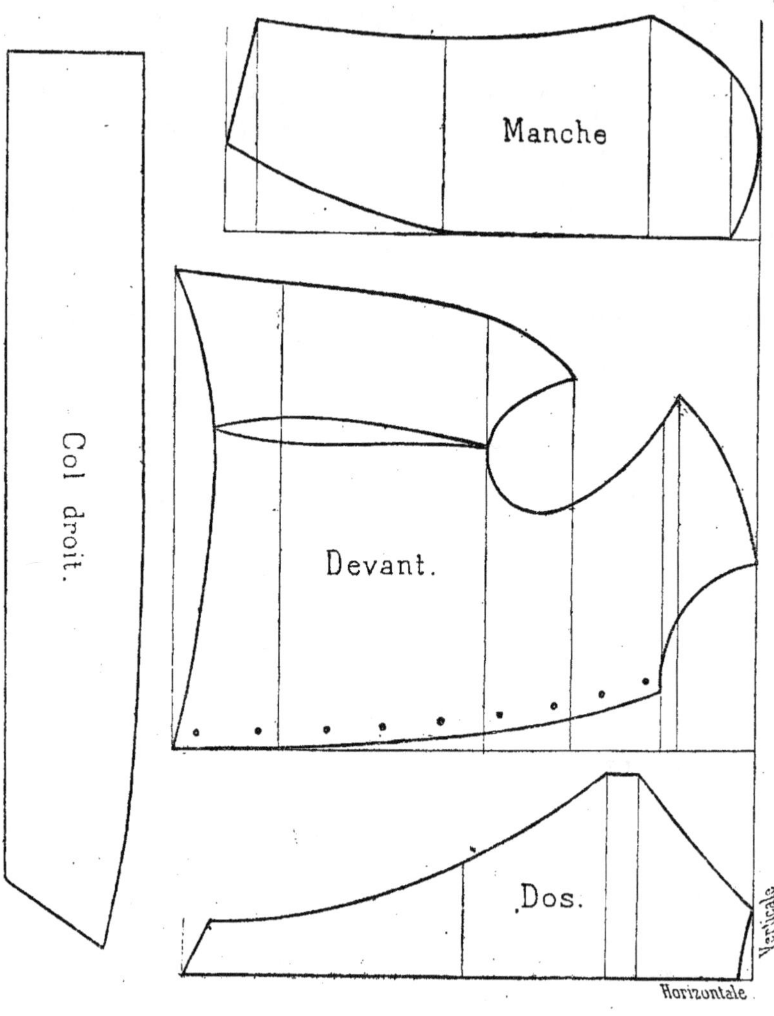

Veste de Marine avec col droit.
Manche
Col droit.
Devant.
Dos.
Verticale
Horizontale

VESTES

VESTE PALEFRENIÈRE DROITE A UNE RANGÉE DE BOUTONS, POUR DOMESTIQUE.

Grosseur de poitrine 48, ceinture 44.

	1re ligne.	2e	3e	4e	5e	6e	7e	8e	9e	10e
Dos										
Horizontale .	0	1	15	22	42	74				
Verticale ...	7	0	1.20	1.21	1.16	1.18				
Devant										
Horizontale .	0	7	10	20	25	44	72	80		
Verticale ...	18	15.38	5.7	27.39	32.42	33.35.46	38.56	00		
Manche										
Horizontale .	0	4	12	34	65	69				
Verticale ...	10	19	25	23	9.26	11				

VESTE PALEFRENIÈRE A DEUX RANGÉES DE BOUTONS, POUR DOMESTIQUES.

Grosseur de poitrine 54, ceinture 52.

	1re ligne.	2e	3e	4e	5e	6e	7e	8e	9e	10e
Dos										
Horizontale .	0	1	15	21	32	49	69	88		
Verticale ...	8	0	22	2.23	3.20	3.18	20	22		
Devant										
Horizontale .	0	7	11	19	27	70	85	95		
Verticale ...	21	18.41	7.9.35	29.42	34.47	36.40.53	43.63	00		
Manche										
Horizontale .	0	3	12	35	61	66				
Verticale ...	8	18	24	23	11.28	13				

VESTE DE MARINE POUR ENFANT AGÉ DE 8 A 9 ANS, boutonnée à une rangée de bouton (col à volonté)

Creuser le bas du devant de $0^m,03$. Grosseur de poitrine 35, ceinture 34.

	1re ligne.	2e	3e	4e	5e	6e	7e	8e	9e	10e
Dos										
Horizontale .	0	1	8	11	20	40	41			
Verticale ...	5 1/2	0	16	16	8	4	00			
Devant										
Horizontale .	0	5 1/2	8	14	21	34	44			
Verticale ...	14	11.27	4	19.28	1.23.33	24.26.35	36			
Manche										
Horizontale .	0	2	9	23	37	39				
Verticale ...	9	12	18	16	5.17	6				

VESTE DE MARINE POUR ENFANT AGÉ DE 7 A 8 ANS, boutonnée à une rangée de boutons (col droit)

Creuser le bas du devant de $0^m,03$. Grosseur de poitrine 33, ceinture 32.

	1re ligne.	2e	3e	4e	5e	6e	7e	8e	9e	10e
Dos										
Horizontale .	0	1	8 1/2	11	21	40	42			
Verticale ...	5	0	15 1/2	15 1/2	8	4	00			
Devant										
Horizontale .	0	6	7	14	20	35	43			
Verticale ...	14	9.26	4	18.27	1.22.32	22.24.34	35			
Manche										
Horizontale .	0	2	9	23	37	39				
Verticale ...	9	12	17	15	5.16	6				

WATERPROOFF

WATERPROOFF AVEC MANCHES ET PÉLÉRINE. Taille moyenne.

	1re ligne	2e	3e	4e	5e	6e	7e	8e	9e	10e
Dos										
Horizontale .	0	2	11	18	23	55	98	110	114	
Verticale....	7	0	21	21	27	42	64	35	00	
Devant										
Horizontale .	0	4	8	19	23	26	55	100	111	115
Verticale....	10′	9.28	2	24	25.35	29	50	70	38	00
Manche										
Horizontale .	0	2	8	30	55	62				
Verticale....	9	17	24	23	10.30	15				
Pèlerine										
Horizontale .	0	9	17	21	23	29	44	67	78	
Verticale....	63	18	11.65	8.13	12.14	19	61	41	00	

PANTALON DE DAME

PANTALON DE DAME. Taille moyenne.
(Voir le dessin aux Habillements d'enfants, page 39.

Devant				
Horizontale .	0	28	57	85
Verticale....	28	28.35	30	28
Derrière				
Horizontale .	0	9	39	66	94
Verticale....	28	31	41	32	28

CARIK

MODÈLE DE CARIK, pouvant s'adapter à tous les vêtements de fantaisie pour dame. Il est ouvert derrière.

Horizontale .	0	5	10	14	18	20	24	40	51	64
Verticale....	50	16	15	11	7	10.13	15.51	46	36	00

BLOUSE

MODÈLE DE BLOUSE D'ENFANT AGÉ DE 4 A 5 ANS.

Dos							
Horizontale .	0	2	6	16	33	40	49
Verticale....	5	10	16	19 1/2	22	26	00
Devant							
Horizontale .	0	3	6	12	17	31	44	49
Verticale....	7	6.16	19	17	23	25	31	00
Manche							
Horizontale .	0	2	9	21	35	37	
Verticale....	8	13	18	17	6.18	7	

Nota. — Cette Blouse se porte avec une Ceinture.

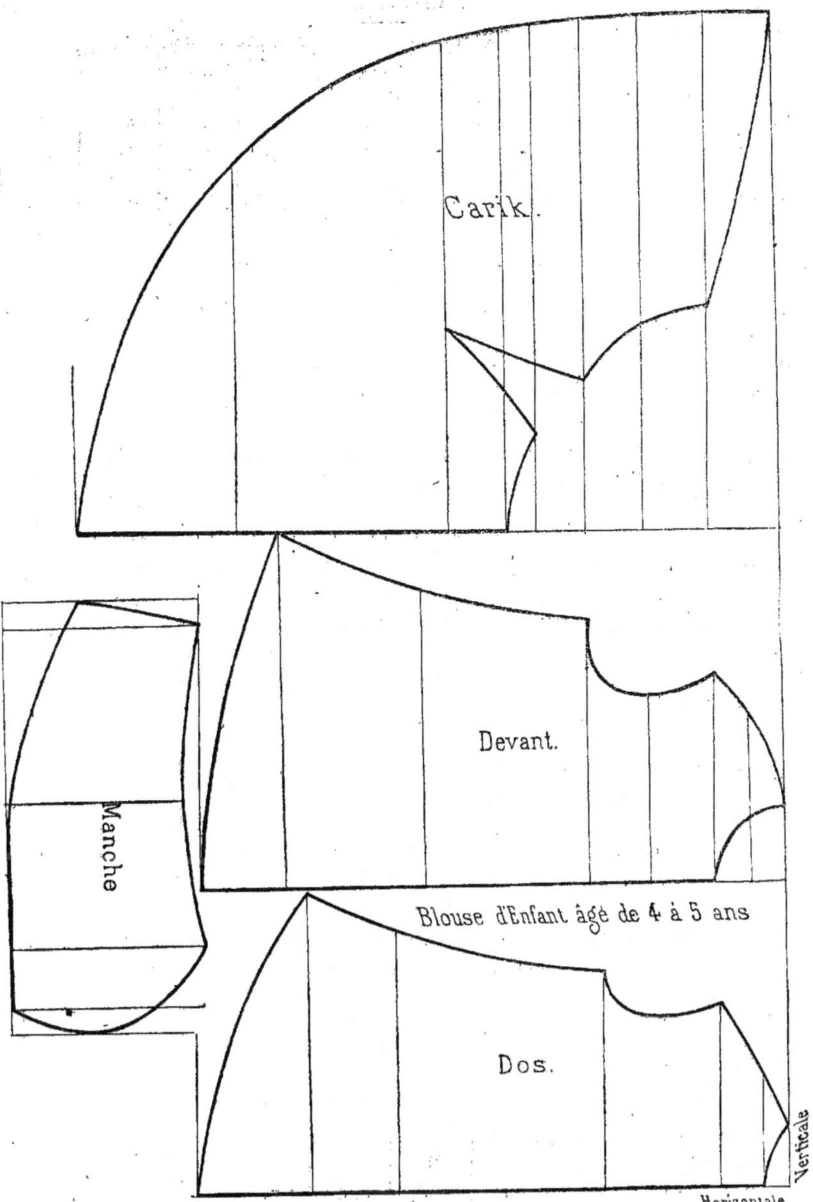

Carik.
Devant.
Manche
Dos.
Blouse d'Enfant âgé de 4 à 5 ans
Verticale
Horizontale.

VÊTEMENT DE FILLETTE demi-pincé à la taille pour l'âge de 8 à 10 ans.

	1re ligne	2e	3e	4e	5e	6e	7e	8e	9e	10e
	Dos									
Horizontale .	0	2	6	12	26	34	45	53	56	
Verticale....	6	10	16	1.16	2.11	2.12	15	18	00	
	Devant									
Horizontale .	0	4	6	1	15	26	38	46	53	57
Verticale....	8	5.19	0	16	21	24	32	38	23	00
	Manche									
Horizontale .	0	2	7	21	32	37	42			
Verticale...	6	12	16	16	4.19	7.21	11			
	Petit côté									
Horizontale .	0	2	4 1/2	11	23	37	43			
Verticale....	4	5	1 1/2 8 1/2	9	13	20	00			

PÈLERINE POUR DAME, POUVANT FAIRE LE BURNOUS en donnant la longueur voulue. Elle se coupe d'un seul morceau, il faut 1m,03 c. de drap à 1m,40 de large.

Horizontale .	0	8	28	33	38	41	45	49	88	103
Verticale....	58	31.65	12	13.69	10	7 1/2. 13 1/2	16.17	21.69	47	00

CARACO POUR DAME. Grosseur de poitrine 44 à 46 centimètres de demi-grosseur.

	Dos								
Horizontale .	0	2	10	15	22	36	56	63	
Verticale....	6	0	21	20	26	29	36	00	
	Devant								
Horizontale .	0	3	7	13	21	23	36	56	61
Verticale....	10	9 1/2.20	2.28	1.23	23.30	26	35	42	00
	Manche								
Horizontale .	0	1	8	27	41	48	53		
Verticale....	7	13	21	21	5.25	9.27	13		

GILET DE FLANELLE, taille moyenne. Le tour du cou doit avoir 25 centimètres. Fini, la bande du devant se trouve sur la largeur du modèle.

	Dos					
Horizontale .	0	1	11	20	26	68
Verticale....	8	0	24	25	33	33
	Devant					
Horizontale .	0	4	7	18	26	68
Verticale....	26	23	7.12.45	32	35	7.35
	Manche					
Horizontale .	0	10	32	57	60	
Verticale....	10	28	2.27	13.29	14	

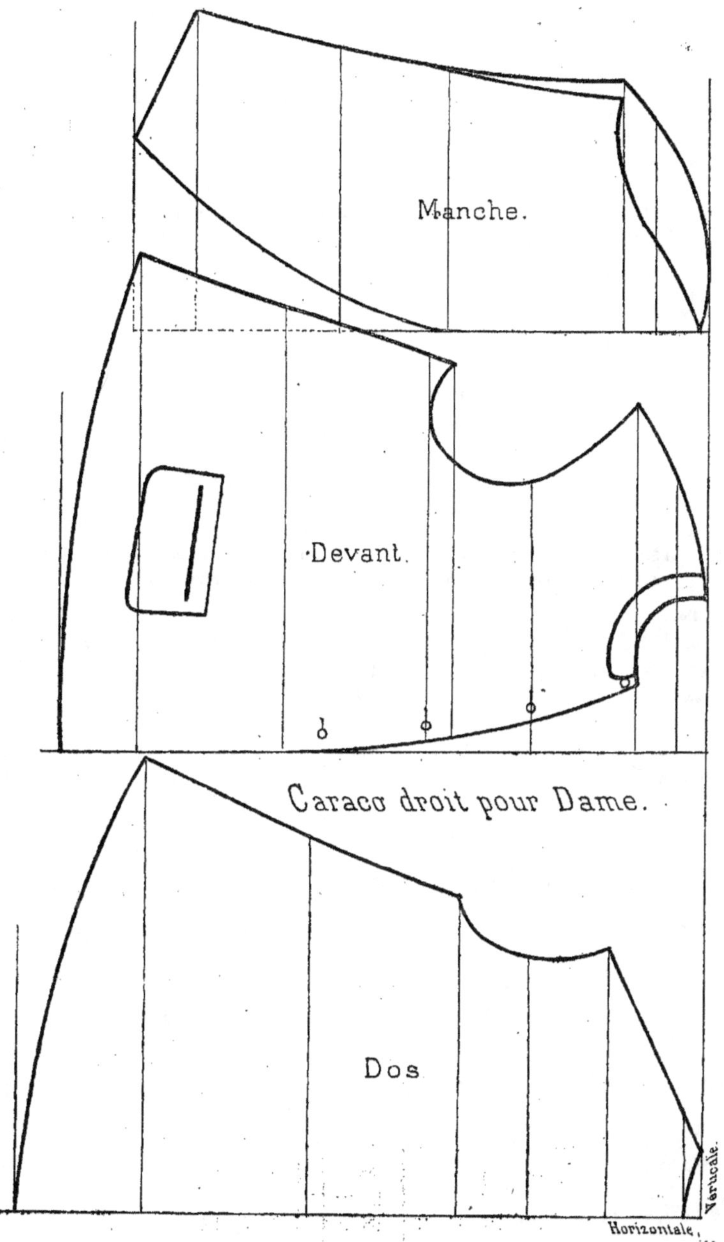

Manche.
Devant.
Dos
Caraco droit pour Dame.
Horizontale.
Verticale.

CORSAGE DE DAME

CORSAGE DE DAME, les pinces du bas se font comme à l'ordinaire, mesure prise sous les bras et sur les seins, sans serrer, mais juste. Grosseur de poitrine 48, ceinture 34.

	1re ligne.	2e	3e	4e	5e	6e	7e	8e	9e	10e
	Dos									
Horizontale.	0	1	10	15	23	37				
Verticale....	6	0	23 1/2	22	10 1/2	3				
	Devant									
Horizontale.	0	6 1/2	10	17 1/2	26	44	48			
Verticale ...	11	9 1/2.31	4	25.38	28.45	4.46	45			
	Manche									
Horizontale.	0	8	30	50	53					
Verticale ...	9	23	21	9.24	10 1/2					

CORSAGE DE DAME, les pinces du bas se font comme à l'ordinaire, mesure prise sous les bras et sur les seins, sans serrer, mais juste. Grosseur de poitrine 52, ceinture 37.

	1re ligne	2e	3e	4e	5e	6e	7e	8e	9e	10e
	Dos									
Horizontale.	0	1 1/2	10	16	24	40				
Verticale ...	6 1/2	0	25	23	11	3				
	Devant									
Horizontale.	0	7	11	18	27	45	50			
Verticale ...	11	10.32	4	26.40	31.47	4.48	47			
	Manche									
Horizontale.	0	9		52	56					
Verticale....	9	24	22	10.25	12					

PINCE-TAILLE, VÊTEMENT DE DAME. Grosseur de poitrine 48, ceinture 42.

	1re ligne	2e	3e	4e	5e	6e	7e	8e	9e	10e
	Dos									
Horizontale.	0	2	12	20 1/2	29	37	48	62	66	
Verticale ...	7	0	22	1.20 1/2	14	2.11	1.12	16	00	
	Devant									
Horizontale.	0	5	11	24	26	33	37	54	63	66
Verticale ...	11	10.30	2.27	2.25.34	28	2.16	16.18.36	18.50	27	00
	Petit côté									
Horizontale.	0	6 1/2	18	26	37	40	42			
Verticale ...	11	5 1/2.15	1.13	17	25	17	00			
	Manche									
Horizontale.	0	1	8	27	41	48	53			
Verticale....	7	13	21	21	5.25	9.27	13			

Voir le dessin page 35.

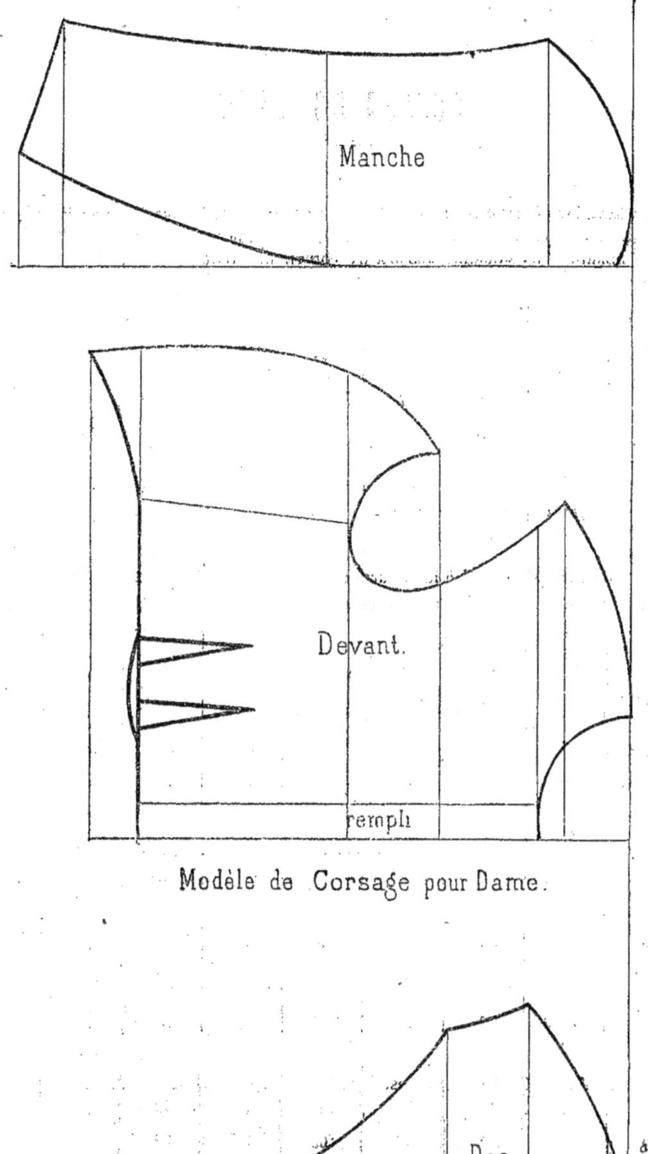

Modèle de Corsage pour Dame.

PANTALONS

RÈGLE GÉNÉRALE A TOUS LES PANTALONS. IL SUFFIT, POUR LES METTRE A LA MESURE PRISE SUR LE CLIENT, DE LES ALLONGER OU DE LES RACCOURCIR, TOUJOURS PAR LE BAS; ET POUR LES ÉLARGIR OU RÉTRÉCIR DE CEINTURE, TOUJOURS PAR LE DERRIÈRE EN MOURANT JUSQU'A LA POINTE DU FOND.

PANTALON DEMI-COLLANT à la mesure suivante : 102, 78, 38, 45, 31, 22, 21.

	1re ligne	2e	3e	4e	5e	6e	7e	8e	9e	10e
	Devant									
Horizontale .	0	18	24	57	102					
Verticale . . .	6.24	23	23.30	22	18					
	Derrière									
Horizontale .	0	4	9	28	36	68	88	112		
Verticale . . .	19	10.24	25	1.31	2.39	5.28	3.26	26		

PANTALON DEMI-COLLANT à la mesure suivante : 105, 79, 42, 49, 33, 22, 22.

NOTA. — A tous les pantalons il faut abattre le devant de 3 c., sauf le 52 de ceinture, 1 c. seulement.

	Devant									
Horizontale .	0	21	28	59	105					
Verticale . . .	6.26	25	25.31	23	19					
	Derrière									
Horizontale .	0	4	10	28	37	69	88	115		
Verticale . . .	22	13.26	28	2.34	3.42	8.32	6.30	3.31		

PANTALON DEMI-COLLANT à la mesure suivante : 108, 80, 46, 52, 35, 24, 23.

	Devant									
Horizontale .	0	22	30	63	108					
Verticale . . .	5.28	27	27.34	24	19					
	Derrière									
Horizontale .	0	4	10	28	41	37	92	118		
Verticale . . .	22	14.28	30	2.36	4.45	8.35	7.33	4.34		

PANTALON DEMI-COLLANT à la mesure suivante : 108, 80, 52, 56, 37, 25 et 23.

	Devant									
Horizontale .	0	22	30	63	108					
Verticale . . .	3.29	28	28.35	24	19					
	Derrière									
Horizontale .	0	4	12	29	42	75	95	122		
Verticale . . .	24	16.29	32	2.38	3.46	7.35	7.33	4.33		

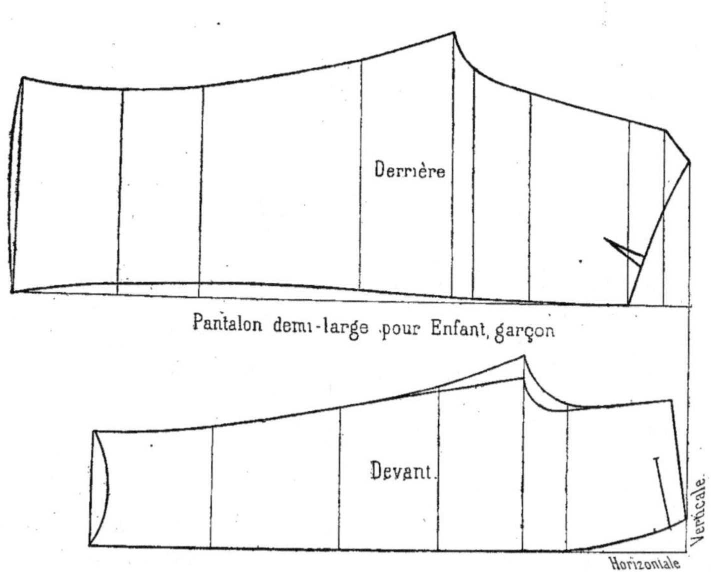

Pantalon demi-large pour Enfant, garçon

PANTALON D'ENFANT. Mesure de côté 89, entrejambes 63. ceinture 35.

	1re ligne	2e	3e	4e	5e	6e	7e	8e	9e	10e
	Devant									
Horizontale .	0	8	17	20	23	52	67	90		
Verticale....	4.21	2.21	21	22	27	20	'17	15		
	Derrière									
Horizontale .	0	4	10	28	32	62	99			
Verticale....	18	13.21	22	1.28	35	3.29	2.29			

PANTALON DENFANT. Mesure de côté 94, entrejambes 71, ceinture 33. Il faut abattre le devant de 2 c. 1/2.

	Devant									
Horizontale .	0	16	23	54	72	94				
Verticale....	0.22	1.22	22.29	23	20	16				
	Derrière									
Horizontale .	0	5	16	24	31	61	82	102		
Verticale....	14	20	25	1.28	1.31	2.28	2.26	26		

GILETS

GILET SANS COL pour les jeunes jens qui ne sont pas encore formés. Grosseur de poitrine 39, ceinture 37.

	Dos									
Horizontale .	0	1	9	18	26	45	51			
Verticale....	6	0	15	16	22	20	4.21			
	Devant									
Horizontale .	0	3	13	15	22	47	53			
Verticale ...	8	8.21	1.16	16	23	1.21	2			

NOTA. — Cet enfant a le dos fort, quoique jeune.

GILET CHEVALIÈRE POUR DOMESTIQUE AVEC BASQUES ET MANCHES,

On pratique un suçon pour former la basque et le développement. Grosseur de poitrine de 46 à 48.

	Dos									
Horizontale .	0	1	9	20	28	48	55	61		
Verticale ...	6	0	18	18 1/2	25	25	26	4.22		
	Devant									
Horizontale .	0	4	9	18	25	43	52	56	62	63
Verticale ...	13	12.28	13.24	1 1/2.22	1.29	25	24.25	1.26	4.27	7
	Manche									
Horizontale .	5	2	12	31	50	63	66			
Verticale....	12	19	27	24	5.24	11.26	13			

NOTA. — La basque tient au gilet. On la désigne de 52 à 25.

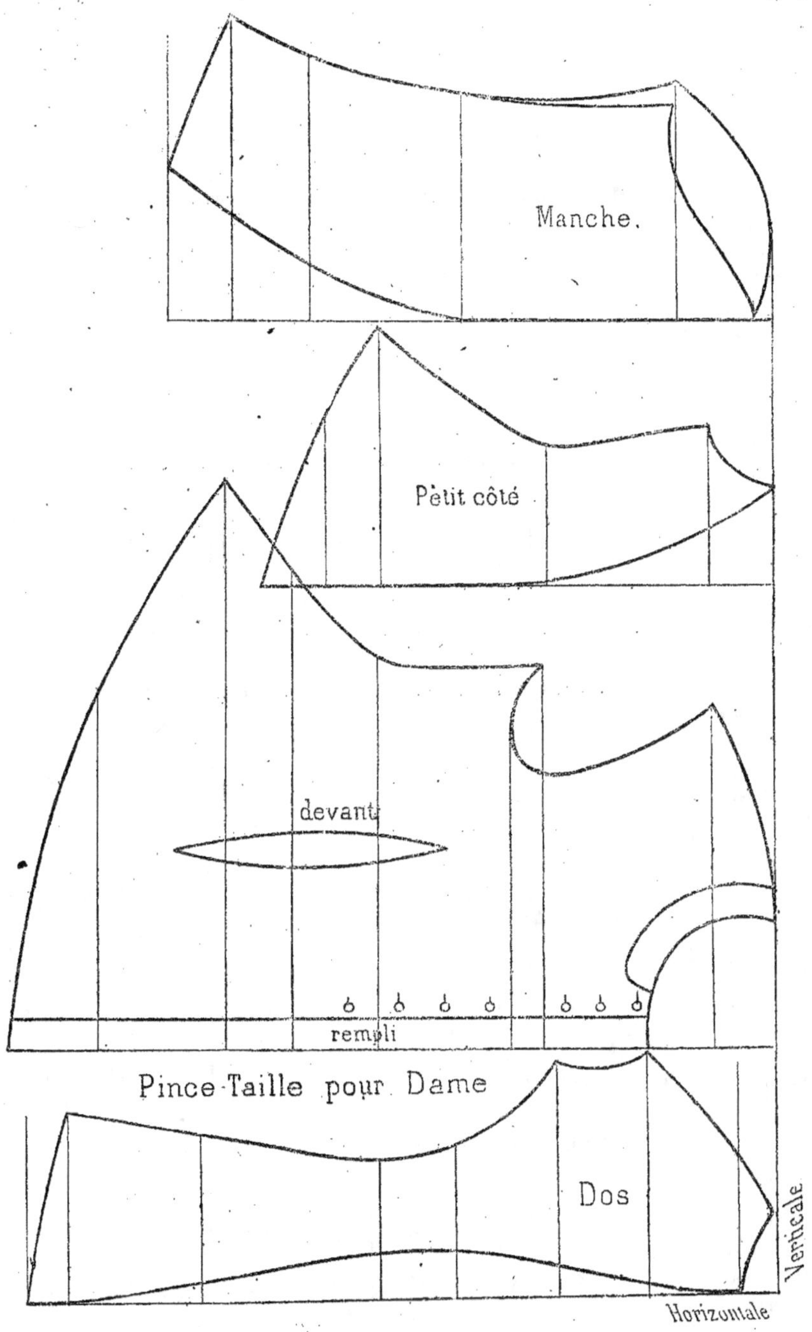

Manche.
Pètit côté
devant
rempli
Pince-Taille pour Dame
Dos
Verticale
Horizontale

GILET SANS COL. Grosseur de poitrine 44, ceinture 38.

	1re ligne	2e	3e	4e	5e	6e	7e	8e	9e	10e
	Dos									
Horizontale.	0	1	9 1/2	20	27	49	56			
Verticale....	6	0	18	17	23	20	4.21			
	Devant									
Horizontale.	0	5	16	24	45	52	57			
Verticale....	10	9.25	1.20	28	22	1.23	3			

GILET CHEVALIÈRE. Grosseur de poitrine 46, ceinture 40.

	1re ligne	2e	3e	4e	5e	6e	7e	8e	9e	10e
	Dos									
Horizontale.	0	1	10	21	29	49	55			
Verticale....	6	0	19	19	23	21	4.22			
	Devant									
Horizontale.	0	5	10	20	25	45	52	59		
Verticale....	12	11.29	1.24	21	29	23	1.24	2		

GILET A CHALE DROIT. Grosseur de poitrine 48, ceinture 44.

	1re ligne	2e	3e	4e	5e	6e	7e	8e	9e	10e
	Dos									
Horizontale.	0	1	11	20	30	51	58			
Verticale....	6 1/2	0	19	19	24	23	4.24			
	Devant									
Horizontale.	0	5	17	26	45	53	59			
Verticale....	13	12.28	6.22	29	25	1.25	2 1/2			

GILET SANS COL. Grosseur de poitrine 50, ceinture 48.

	1re ligne	2e	3e	4e	5e	6e	7e	8e	9e	10e
	Dos									
Horizontale.	0	1	9	19	28	48	55			
Verticale....	7	0	20	20	26	27	4 28			
	Devant									
Horizontale.	0	5	17	26	45	52	59			
Verticale....	10	9.26	4.21	29	25	1.26	3			

GILET CHEVALIÈRE. Grosseur de poitrine 52, ceinture 49.

	1re ligne	2e	3e	4e	5e	6e	7e	8e	9e	10e
	Dos									
Horizontale.	0	1	10	22	29	51	57			
Verticale....	7	0	20	21	27	28	4.29			
	Devant									
Horizontale.	0	6	10	27	49	55	60			
Verticale....	14	11.29	2	30	26	1.27	2			

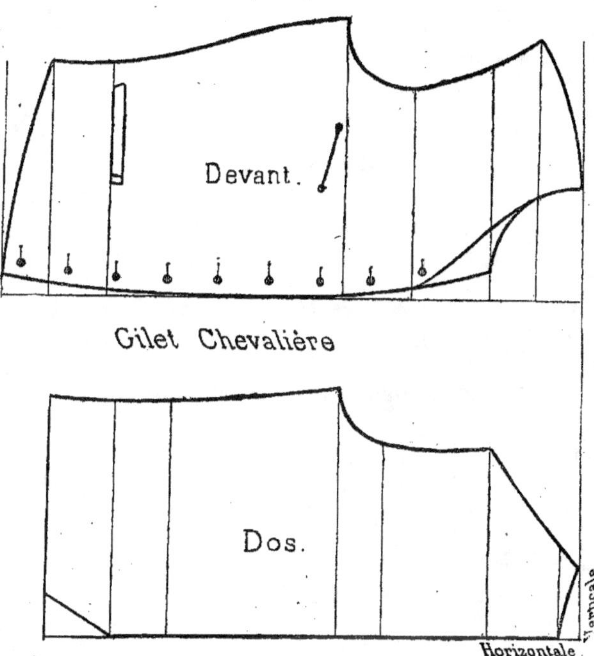

Devant.
Gilet Chevalière
Dos.
Horizontale
Verticale

HABILLEMENT D'ENFANT, GARÇON AGÉ DE 8 A 9 ANS

Composé d'une veste, pantalon et gilet. Grosseur de poitrine 34 à 36.

	1re ligne	2e	3e	4e	5e	6e	7e	8e	9e	10e
Dos de la veste.										
Horizontale.	0	2	8	13	18	43				
Verticale....	6	0	15	15	20	21				
Devant										
Horizontale.	0	3	6	11	16	24	35	41	42	
Verticale...	8	7.19	1.17	15	21	22	2.24	6.25	10	
Manche de fantaisie à une couture										
Horizontale.	0	2 1/2	4	8	10	24	40	42		
Verticale...	8	2.14	15.34	1.19.27	23.35	36	5.17	6.29		

GILET SANS COL.

	1re ligne	2e	3e	4e	5e	6e	7e	8e	9e	10e
Dos										
Horizontale.	0	1 1/2	7	14	20 1/2	34	39			
Verticale...	5 1/2	0	13	13	18	19	3.20			
Devant										
Horizontale.	0	2 1/2	7	11	16	30	34	38		
Verticale...	9	9.19	1.3.16	15	21	19	20	1 1/2		

PANTALON COMPLÉTANT L'HABILLEMENT.

	1re ligne	2e	3e	4e	5e	6e	7e	8e	9e	10e
Devant										
Horizontale.	0	2	15	22	40	65				
Verticale....	6	5.20	1.20	20.25	20	16				
Derrière										
Horizontale.	0	2	19	23	43	70				
Verticale ...	18	19	23	28	23	20				

MANTEAU D'ENFANT AGÉ DE 4 A 6 ANS.

	1re ligne	2e	3e	4e	5e	6e	7e	8e	9e	10e
Dos										
Horizontale.	0	2	6	12	15	30	38	45	55	
Verticale....	5	0	14	12 1/2	17	24	20	32	·00	
Devant										
Horizontale.	0	2	5 1/2	6 1/2	14	17	32	49	58	
Verticale....	8	7 1/2	5.18	17	15	24	26	33	00	
Manche										
Horizontale.	0	1 1/2	4 1/2	11	16	21	25	32		
Verticale....	4	9	13	13	16	1.19	2.15	6		

NOTA. — Ces manteaux sont faits pour les deux sexes. Voir le dessin, page 21.

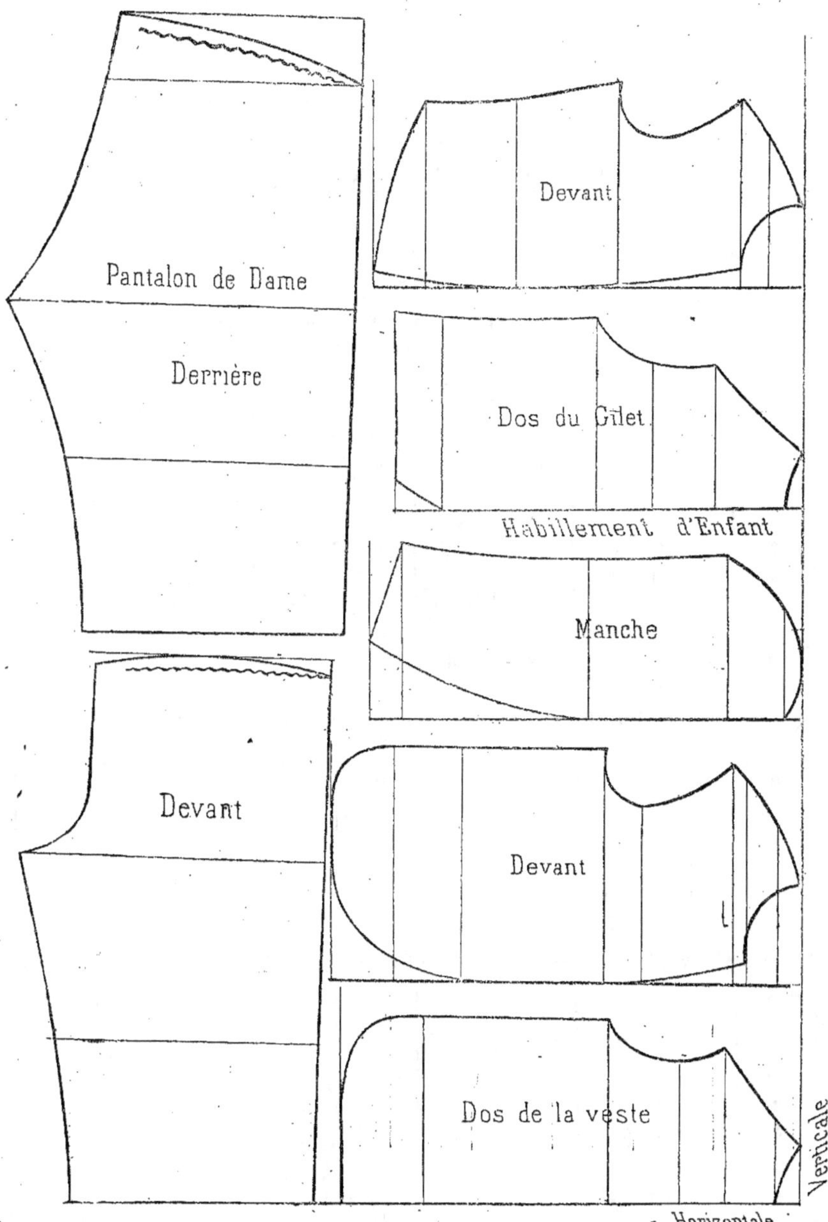

Pantalon de Dame
Derrière
Devant
Devant
Dos du Gilet
Habillement d'Enfant
Manche
Devant
Dos de la veste
Verticale
Horizontale

HABILLEMENTS D'ENFANTS

HABILLEMENTS D'ENFANT AGÉ DE 4 A 5 ANS. Grosseur de poitrine 30, ceinture 30.

Composé d'une Veste, Gilet et Culotte.

	1re ligne	2e	3e	4e	5e	6e	7e	8e	9e	10e
Dos de la Veste										
Horizontale .	0	2 1/2	7	11	16	26	32	37		
Verticale....	5	0	14 1/2	13	16	16	17	14		
Devant										
Horizontale .	0	2	4	8	13	17 1/2	29	34	38	
Verticale....	13	11 1/2. 16	5 1/2	3.22	1.16	21	20	2.20 1/2	10.21	
Manche										
Horizontale .	0	1	6	17	27	33	35			
Verticale....	5	10	15	15	3.15	5.16	6			

NOTA. — La Veste est de même forme que celle des zouaves.

GILET. Grosseur de poitrine 30, ceinture 30.

Dos							
Horizontale .	0	1	7	13	17	31	34
Verticale....	4 1/2	0	13	13	17	17	3.18
Devant							
Horizontale .	0	2 1/2	5	9	15 1/2	24	32	37
Verticale....	11	9.15	2.20	1.15	17 1/2	17	18	2

CULOTTE. La forme est large du bas, la longueur ne dépasse pas le genou, elle est plissée devant.

Devant						
Horizontale .	0	12	17	25	35	
Verticale....	20	20	20.27	25	24	
Derrière						
Horizontale .	0	6	15	24	34	41
Verticale....	18	20	25	31	26	24

AVIS AUX TAILLEURS

Il surgit chaque jour dans Paris des professeurs de coupe qui ne sont appuyés par aucune pièce authentique ni recommandation officielle. Pour éviter toute confusion et faire connaître le mérite réel de la méthode de M. **J. DESPAX** sur la coupe des vêtements de toutes tailles, de toutes formes et pour toutes les conformations d'hommes, femmes et enfants, il suffit de lire l'avis suivant :

1° L'ouvrage comprend 1,500 modèles tous éprouvés et rectifiés.

2° L'apprentissage se fait en une heure, sans être tailleur et sans maître.

3° Il n'y a rien à lire et il ne ressemble en rien aux méthodes anciennes.

4° Une démonstration faite à Bordeaux, en présence de 150 maîtres tailleurs environ, a été couronnée par un rapport écrit par M. Picard, président de la société des tailleurs.

5° Cette méthode de coupe a été démontrée publiquement pendant quatre mois à l'exposition de 1872, au Palais de l'Industrie de Paris. L'ouvrage a été mis hors concours.

6° M. **Jules DESPAX** a été appelé par M. l'Inspecteur général à fournir les modèles-types pour l'uniforme de l'École des Arts-et-Métiers d'Aix.

Les personnes qui ont appris une méthode de coupe et qui ne seraient pas complètement satisfaites des résultats obtenus peuvent s'adresser à M. **DESPAX**, qui enseigne à couper tous vêtements sans retouche capitale (**poignard**) provenant de l'imperfection des méthodes anciennes, et sans rien changer à la façon dont on aurait l'habitude d'opérer ; par un procédé aussi ingénieux que nouveau, mes vêtements toucheront toujours **à la taille, à la nuque, et n'auront jamais crochet** (*ceci, c'est mon secret*).

LE MOULAGE SUR NATURE D'APRÈS LA PRISE DES MESURES ET LEUR APPLICATION EST ENSEIGNÉ

EN 10 LEÇONS — PRIX : 50 FRANCS.

LEÇON PARTICULIÈRE DE PANTALON — PRIX 5 FRANCS.

Cours de coupe les MARDIS, MERCREDIS, JEUDIS et VENDREDIS

DE 8 HEURES A 10 HEURES DU SOIR

Prix : 50 Francs

MÉTHODE DU PANTALON

MANIÈRE DE PRENDRE LES MESURES

Première mesure.		De la hanche à la naissance du talon, ...	100
2e	id.	De la fourche à la naissance du talon.	78
3e	id.	Grosseur de ceinture.	40
4e	id.	Grosseur de bassin, prise dix centimètres plus bas que la ceinture.	47
5e	id.	Grosseur de cuisse.	32
6e	id.	Largeur du genoux.	21
7e	id.	Largeur du bas du pantalon.	20

TRACÉ DU DEVANT

Tirez une ligne verticale et une ligne horizontale formant l'équerre.

1° Placez votre centimètre n° 1 à l'angle des deux lignes, marquez la longueur de côté, soit 100. 2° La longueur d'entre-jambe, soit 78, et la hauteur du genou, à partir de la longueur du bas, environ 6 centimètres au-dessus de la moitié de la longueur d'entre-jambe. 3° Prenez la moitié de la largeur de bassin que vous marquez sur la deuxième ligne du haut, soit 23 1/2, le huitième de la largeur de bassin, soit 6 centimètres, sert à déterminer la pointe du devant. 4° Rentrez à la ligne du bas de 17 à 18 centimètres, tirez une ligne depuis la pointe du devant, rentrez au genou d'environ 2 centimètres, abattez le haut du devant sur le côté de 1 à 5 centimètres selon la grosseur de ceinture, puis dessinez votre devant comme il est indiqué, ayant soin de l'abattre dans le haut de 3 à 3 1/2 sur le devant. Voir le dessin ci-contre.

TRACÉ DU DERRIÈRE

Après avoir placé votre devant sur l'étoffe qui vous reste, sortez, à la ligne du bas d'environ 2 ou 3 centimètres, marquez votre largeur du genou, ayant soin de laisser à l'entre-jambe la moitié de ce que vous avez supprimé au-devant après avoir déterminé cette largeur, soit 21 plus 2 centimètres pour les coutures, vous fixerez une règle sur ce point et vous sortirez de la deuxième ligne du haut de 3 centimètres au moins et de 4 centimètres au plus. La hauteur du derrière en plus que celle du devant doit être de 9 à 11 centimètres pour les personnes qui ne portent pas de bretelles et de 13 à 15 centimètres pour celles qui en portent. Appliquez vos largeurs de ceinture, de bassin, de cuisse, du genou et du bas, faites votre tracé bien régulier et coupez. D'après cette règle vous trouverez que la pointe du derrière du pantalon sera de 10, 11, 12, et même 14 centimètres, selon la grosseur du client, soit de 30 à 37 centimètres de largeur de cuisse. Le pantalon collant reçoit l'aisance par le renversement, tandis que le pantalon droit la reçoit par la largeur du genou et la longueur de la pointe, plus un pantalon est collant moins il faut de pointe, et plus il est large et droit plus il faut que la pointe du derrière soit longue, sans exagération. Mesure bien prise et bien appliquée, succès certain.

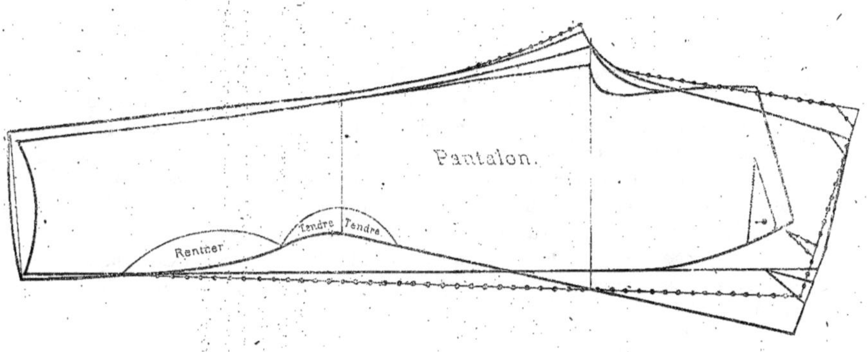

Pantalon.
Rentrer
Tendre
Tendre

MÉTHODE DU GILET APPRISE SANS MAITRE

Faites un carré égal à la mesure de demi-grosseur de poitrine prise sur la personne que vous voulez habiller. Divisez ce carré par moitié en tirant une ligne de droite à gauche qui indique le quart de la grosseur du haut. Tirez une ligne en travers à la même distance. C'est-à-dire au quart de la grosseur totale du haut, cette ligne indique la profondeur d'emmanchure, ajoutez deux autres lignes, l'une en dehors du carré sur le devant, et l'autre en dedans, dans le haut, ces lignes doivent être distancées de 5 centimètres des lignes primitives formant le carré, celle qui est sur le devant indique la largeur totale du gilet, et celle qui est en travers, dans le haut, indique l'abattement de l'épaulette et celui du dos, le point de l'épaulette se détermine à partir de la ligne que vous avez ajoutée sur le devant, c'est-à-dire au quart de la grosseur totale à partir de l'angle, et l'abattement du devant du gilet, dans le bas, finit au milieu de ces deux lignes. Voir le dessin ci-contre.

Pour obtenir la largeur du bas du gilet, il faut le rétrécir comme il est indiqué. Tous les gilets doivent avoir de 5 à 6 centimètres en plus de longueur sur le devant que sur les côtés.

Le devant du gilet, comme on le voit, commence à la ligne du haut, et le dos dépasse cette ligne de 2 centimètres, pour les hommes droits seulement. Voir la différence pour les hommes voûtés. La largeur du haut du dos est de 7 centimètres.

Nota. — Le devant du gilet, depuis le 38 de grosseur de ceinture jusqu'au 54, doit avoir de 21 à 26 centimètres de largeur, cette figure représente quatre formes de gilets différentes qui sont :

Le gilet chevalier, le gilet sans col, le gilet à châle droit, et le gilet à châle croisé. Les points ronds indiquent le changement que l'on doit faire pour les hommes qui ont le dos rond et qui sont voûtés.

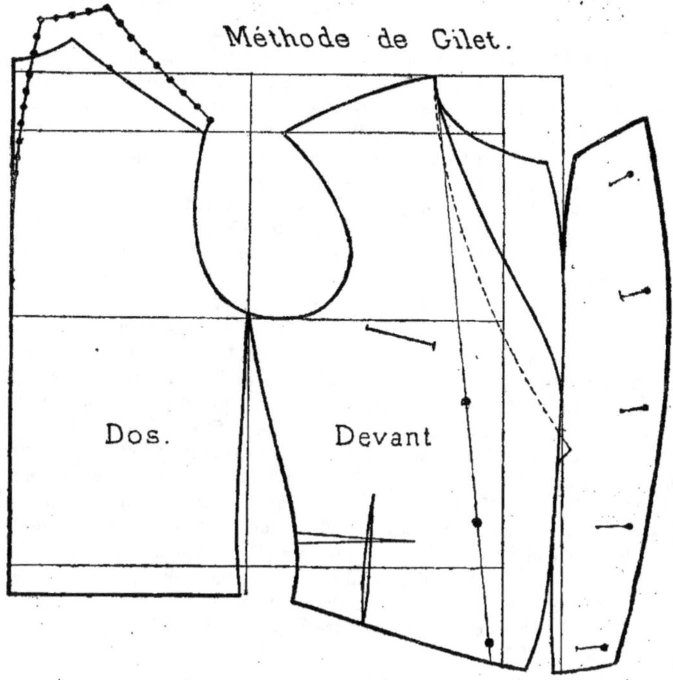

Méthode de Gilet.
Dos.
Devant

SOUVENIR DE COUPE

MOULAGE SUR NATURE

Méthode infaillible pour la coupe des vêtements d'Hommes et d'Enfants

Après avoir tiré une ligne horizontale et une ligne verticale formant l'équerre, prenez le quart de la grosseur totale de poitrine, divisez-la en trois parties égales, tirez des lignes horizontales sur tous les points et d'équerre, le deuxième point devers vous à votre droite indique le point de l'épaulette et le haut de l'encolure, la quatrième ligne indique le point établi sur le client à partir de la couture du milieu du dos, cette distance doit être égale à la largeur de carrure, et où doivent correspondre les quatre mesures supplémentaires, le tiers de la grosseur de poitrine indique la profondeur d'emmanchure à la condition qu'elle soit exacte avec la hauteur il en est de même pour l'avancement d'emmanchure qui se détermine à partir de la troisième ligne comme il est indiqué ci-dessus. Cette règle est applicable pour les grosseurs de poitrine qui n'excèdent pas 100 centimètres. Abattez l'épaulette de 5 à 6 centimètres et le dos de 10 à 11 centimètres. Voir le dessin.

Les quatre mesures bien prises et bien appliquées donnent la conformation exacte du client, quelle qu'elle soit, on verra par là même qu'il n'était pas nécessaire d'écrire des discours sans fin qui, la plus part du temps, ne sont lus par personne.

La largeur totale des patrons doit avoir 10 centimètres de plus de largeur de poitrine que la mesure prise sur le client, et 8 centimètres en plus de largeur de ceinture depuis le 36 jusqu'au 46. Depuis le 48 jusqu'au 52, elle doit avoir 12 centimètres de plus de largeur de poitrine et 10 centimètres de plus de largeur de ceinture. Depuis le 52 jusqu'au 60, elle doit avoir 14 centimètres de largeur de poitrine et 11 centimètres de largeur de ceinture. Si on veut que le vêtement boutonne aisément il faut ajouter 3 centimètres à la poitrine et 5 centimètres à la ceinture. La largeur doit toujours être ajoutée sur le devant et jamais sur le derrière.

Les gilets doivent avoir 5 centimètres de plus de largeur de poitrine que la mesure et 4 centimètres de plus de largeur de ceinture depuis le 36 jusqu'au 52, pour les hommes plus gros, il faut laisser 1 centimètre de plus à la poitrine et 2 centimètres en plus à la ceinture.

Grosseur totale	72	Demi-grosseur		36	Quart de la grosseur	18
Id.	76	Tiers 25 1/2		38	Id.	19
Id.	80	Id. 27		40	Id.	20
Id.	84	Id. 28		42	Id.	21
Id.	88	Id. 29 1/3		44	Id.	22
Id.	92	Id. 31		46	Id.	23
Id.	96	Id. 32		48	Id.	24
Id.	100	Id. 33		50	Id.	25
Id.	104	Id. 35		52	Id.	26
Id.	108	Id. 36		54	Id.	27
Id.	112	Id. 37		56	Id.	28
Id.	116	Id. 37		58	Id.	29
Id.	120	Id. 38		60	Id.	30

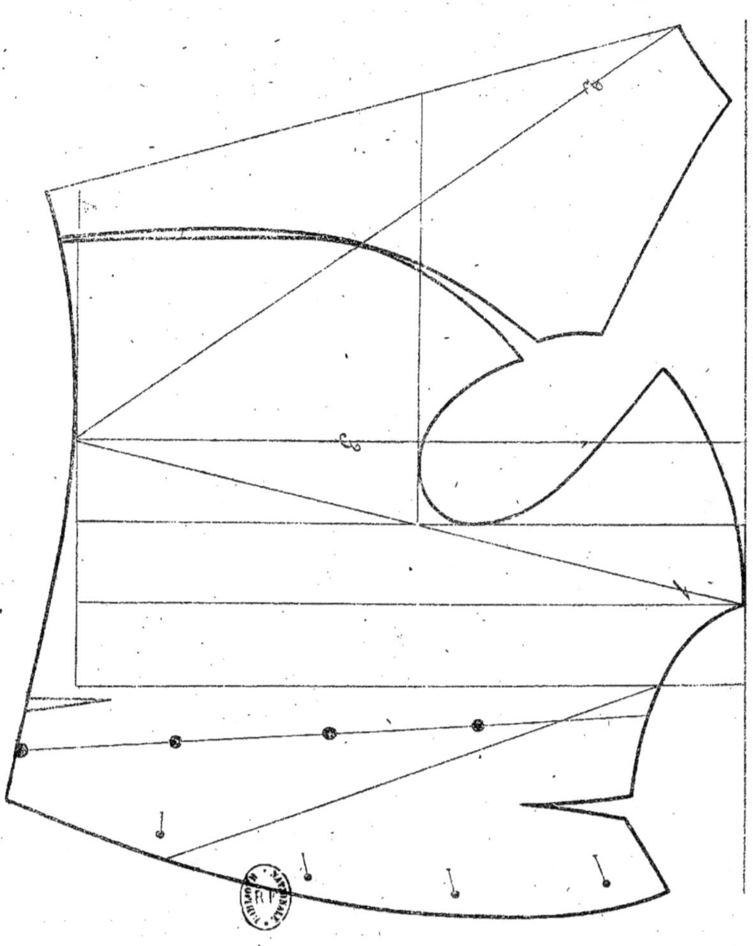